Leopold Huber

Das Verbrechen aus mütterlicher Tugend

Ein Schauspiel mit Gesängen

Leopold Huber

Das Verbrechen aus mütterlicher Tugend
Ein Schauspiel mit Gesängen

ISBN/EAN: 9783743603028

Hergestellt in Europa, USA, Kanada, Australien, Japan

Cover: Foto ©Thomas Meinert / pixelio.de

Weitere Bücher finden Sie auf **www.hansebooks.com**

Das
Verbrechen
aus
mütterlicher Tugend.

Ein
Schauspiel mit Gesängen in 2 Aufzügen.

Von
Leopold Huber.

Wien, 1791.

Personen.

———— ·—·—·—· ————

Freysmuth, ein alter Pächter.

Anton, sein Sohn.

Marie, seine Tochter.

Schermann, ein armer Künstler.

Julie, seine Frau.

Leopold,)
Hannchen, } deren Kinder.
Fritz,)

Die Handlung geht bald in Schermanns, bald
in Freysmuths Wohnung vor.

Erster Aufzug.

Erster Auftritt.

(Zimmer, worinn alles die äusserste Armuth verräth.)

Schermann.

Gerechter Gott! so komm ich wieder zurück,
wie ich ausgieng. Vergebens sucht' ich einige
Groschen, oder Brod auf Borg zu bekommen, alle
Welt ist für meine Klagen taub; überall heißts:
geht in Gottesnamen! wir haben selber nichts;
wir brauchen das Unsrige, auch da sogar, wo der
Uiberfluß in seinem verschwenderischen Muthwill
herrscht.

herrscht. Nun wird der Hungertod unser namenloses Elend bald enden. Was wird sie sagen, meine Beste, die theuerste Hälfte meines Herzens? — O meine gute, tugendhafte Julie! Wie sie jeden Sturm des Elends so gleichgültig zu ertragen, jeden Kampf der gränzlosesten Armuth so sanftmüthig zu dulden weiß! — Herr! ich baue auf deine Gütigkeit; deine Vorsicht läßt mich noch hoffen. Du wirst uns entreissen dem schwindlichen Abgrunde des Jammers. Du allein weißt, und kannst Tugend und Rechtschaffenheit belohnen. O das edle Weib verdient ein besseres Schicksal. Der Schmerz brennt mir durch alle Adern, daß ich leider der Ursacher des Unglückes bin; — ich wollte meinen Bruder aus einer Grube reissen, und stürzte, ach! mich selbst hinein.

Zweyter Auftritt.

Julie. Schermann.

Julie. (Ihm in die Arme laufend.) Willkommen, liebster bester Mann!

Scherm. Gott grüße dich, theuerstes Weib! (wischt sich eine Zähre aus dem Auge.)

Julie. Sage mir, du trauter Theil meines Herzens! ich bitte, ich beschwöre dich, sage, warum bist du so trübe? warum weinst du?

Scherm. (Julien starr ins Aug fassend. Gott! (für sich) So unglücklich muß ich das beste Geschöpf auf Gottes Erde sehen, — zerbrich, o Herz, zerbrich! —

Julie. Du schweigest, Trauter! würdigest mich keiner Antwort, mich? deine Gattin, die mit dir, um deinetwillen bereit ist, den Jammertod

des

des Elends zu sterben? — Du hast Geheimnisse
gegen deine Geduldige. — Darf ich nicht wissen,
was deine dunkle Seele drückt? = = = (Singt im
schwermüthigsten Ton)

> Laß mich, mein Trauter! wissen.
>   Was drücket dich?
> Was foltert dein Gewissen
>   So inniglich? —
>
> Sieh, Mann! wir leiden beide
>   Geduldig Noth.
> Wir theilen Schmerz und Leide
>   Elend und Tod.
>
> Mit dir geh ich gelassen.
>   Zum Grabe hin;
> Mit dir will ich erblassen,
>   Der Welt entfliehn!

(Sie geberdet sich betrübt, erhebt die Jammer = Mine
gen Himmel, weint und will ihm ihre Thränen ver=
bergen.)
Scherm. (für sich, verzweiflend) Mann des Un=
glücks! Diese unschuldigen Zähren fehlten dir
nur noch: Ach, jeder rollende Tropfe ist ein Glut=
strom für mein Herz, (laut) Weine, weine nicht,
edelste Seele. Deine Hand auf mein Herz! Füh=
le, fühle: das Vollmaß meiner Qualen zerbricht
in diesem Augenblick den letzten blutigen Muskel
dieses lautschlagenden Gefäßes. — (eine wehmüthi=
ge Pause.) Weib — Weib — alles umsonst! Ich
habe vor den Schwellen der Reichen gerungen,
geweint, gebetten, meine Hände zum allbarmher=
zigen nur um einem Bissen Brod wundt gefalten;
alles umsonst! Ich habe versprochen, in bessern
Umständen jeden Heller zehnfach zu ersetzen; alles
um=

sonst! Jede Freundesthüre blieb mir verschlossen,
jedes Ohr des Mitleids taub, jede Hand der Barm=
herzigkeit starr und unbeweglich; alles umsonst! —

      Julie. Sey getröstet, Mann meiner Seele.
Unser kleine Karl ist schon seit früh Morgens aus
dem Hause um Brod gegangen; vielleicht erregt die
Vorsehung in einigen Menschenherzen Mitleid; viel=
leicht bringt er uns Labung —

      Scherm. Vieleicht — umsonst. (mit tiefgehol=
ten Seufzer) Ach, die Menschen könnten so gut sein,
und sind? — — Gott! nur wenige auf diesem Ball
der Erde verdienen den heiligen Namen: Menschen
und diese wenigen edlen sind in stillen Winkeln
der Einsamkeit der heuchlerischen Welt verborgen.
Höre, meine Liebe! Du weißt, wie sehr ich das
schändliche Handwerk der Bettelei hasse. Lange
hatt' ich mit dem edlen Stolze und der einem
Manne anständigen Eigenliebe gekämpft, lange
stund ich wie ein Marmor an einer Ecke der Stra=
se, bis ich mit mir selbst einig wurde. Doch die
Liebe zu dir, die väterliche Sorgfalt zu den Pfän=
dern unserer Liebe, erhielt endlich die Oberhand.
Ich wandte mich also an den ersten ansehnlichen,
der mir begegnete. — (weint) Ich sprach ihn mit
zerstörten Blicken und stotternden Worten an; ich
bath mit der gefühlvollesten Gebehrde; Mitleidbit=
tende Thränen rollten mir über die Hungerblässe
meiner Wangen, ein Tropfe drängte den andern,
einer schien den andern seine nassen Züge streitig
zu machen. Herr! rief ich, ich bin ohne meiner
Schuld der Unglücklichste, bin Mann eines hilflo=
sen Weibes, Vater unschuldig darbender Kinder,
die auf meine Wiederkunft, auf Brod mit heiß
hungrigen Blicken warten; zwei Söhne, und eine
Tochter, die mir beim Eintritt in meine karge
Wohnung weinend zuruffen: guter Vater, gieb
                              uns

uns Brod, ach, schon drey Tage haben wir keinen Bissen gegessen. Da blutet mir's Herz bei einem solchen seelenzerschmelzenden Anblick; da möcht ich versinken in den Staub dieser unglücklichen Erde. — — Könnt ihr nicht arbeiten? versetzt er. Ja! sprach ich, So verdient euch Brod, gab er mir mit lästernden Ausdrücken zu verstehen. O könnt' ich arbeiten, erwiederte ich, ich würde selbst lieber geben, als nehmen. Ich stellte ihm die Theurung, den allgemeinen Mangel an Arbeit und die daraus entstehende Noth vor, erklärte ihm, daß ich in diesen dürftigen Umständen von keinen Menschen Vertrauen hätte, weil ich itzt ausser Stand sey, die zu Arbeiten erfoderlichen Nothwendigkeiten anzuschaffen. — So spricht jeder Taugenichts, schrie er mit zorniger Stimme, grief mit zitternden Händen in die Tasche und gab mir —

Julie. Und gab dir ein Stück Gold?

Scherm. O Gott! —

Julie. Er gab dir doch etwas?

Scherm. Ja, theures Weib! Er gab mir — einen Pfening; einen Pfening gab er mir.

Julie. Daß Gott erbarme!

Scherm. Den gab mir ein Mann, welchen Gott mit unermeßlichen Reichthum segnete. Allein ich dankte ihm, wollte reden, konnte aber die Zunge nicht bewegen; über meine Wange floß eine klägliche Zähre des Unmuths.

Julie. Himmel! ist das wohl recht? — Was für ein Mensch muß daß seyn, der im Meere des Uiberflußes herumtaumelt, und seinen unglücklichen Mitmenschen mit der kleinsten Gabe der Welt noch so auf die schimpflichste, die Menschheit entehrende, Art abfertigt. Grosser! Wo sollen wir nun Hilfe, Rettung und Trost suchen?

Scherm.

Scherm. Bei Ihm, Beste! Hilft Gott nicht;
so sterben wir willig den Tod des Hungers. —

Scherm.

Keine Hilfe keine
   Rettung, welch ein Schmerz!
Julie! wie Steine
   Ist der Menschen Herz.

Julie.

Sey getröst, verzage
   Nicht, geliebter Mann!
Glaub, daß bessere Tage
   Gott gewähren kann.

Scherm.

Julie! wir stehen
   An des Grabes Rand.
Noth macht uns vergehen
   Schwer ist Gottes Hand.

Julie.

Nach des Schicksals Schlägen
   Werden wir uns freun;
Denn nach Sturm und Regen
   Folget Sonnenschein:
Baide. (Müssen doch noch glücklich seyn,
   (Denn nach Sturm folget Sonnenschein!

Drit=

Dritter Auftritt.

Friz. Vorige.

(Friz kömmt zur Thüre hereingelaufen beide küssen ihn.)

Friz. Beſter Vater! liebſte Mutter!

Scherm. ⎰
Julie. ⎱ Grüß dich Gott, liebes Kind!

Friz. Schönen Dank!

Scherm. Du ſcheinſt recht luſtig zu ſeyn:
ſage, wo warſt du denn?

Friz. In der Stadt, beſter Vater!

Scherm. Und was haſt du denn da gemacht?

Friz. Je nu, was ſoll ich da gemacht haben;
gewiß nichts, was die Leute verdroſſen hat —

Julie. So laß einmal hören, Kind!

Friz. Ich habe halt wollen ein wenig ſpazie-
ren gehn, um mir vergeſſen zu machen, daß ich faſt
ganzer drei Tage nichts gegeſſen hab. Wie ich
halt ſo eine Weile gieng, ſo begegnete mir des alten Pächters ſeine Marie, die mein Bruder, der
Leopold ſo gern hat, und mit ihr gieng ihr Bruder, der hatt' ein groſſes Stück Brod in der Hand,
daß er mir gegeben hat, weil er mir angeſehen hat,
daß ich ſo hungrig bin; ich bedankte mich gar ſchön,
lief alſo gleich nach Haus zu, und eher ich noch
herbei kam, ſo begegnete mir ein armer — armer Junge, und der weinte ſo bitterlich —

Julie. Und warum weinte er denn, mein
lieber Friz? Geh ſag's.

Friz. Ja — er — ſagte — halt, daß er
ſchon ſeit geſtern nichts gegeſſen habe, daß ihn
halt recht hungerte, und weil ich juſt das Stück
Brod hatte ſo hab ich ihms halt gegeben. O
wie

wie so geschwind, wie so schmacklich hat er darein gebißen, und wie's ihm schmeckte, so gut, so gut, daß ich vor Vergnügen sprang, und mein Herz vor Freuden darüber laut geklopft hat.

Julie. (küßt ihn innig.) O du gutes Kind! Dein Herz wird dich auch unglücklich machen —

Scherm. (Der Thränen sich enthaltend) Bester Herzensjunge! aber du hast ja gewußt, daß wir zu Haus keinen Bißen Brod haben, und doch gabst du ihm alles: dafür wird's dich izt hungern, und dir Niemand deine Gabe ersetzen.

Friz. Ey ja freilich hab' ich gewußt, daß wir im ganzen Hause keinen Bissen Brod haben, aber ihr habt mir ja immer gesagt, wenn man den Armen gutes thut, so lohnts unser Herrgott tausendfach wieder.

Scherm. (Seine Hand auf sein Herz legend für sich mit Wärme) Hier fühl ich's', daß Unschuld und Tugend leidet —— Barmherziger, ewiger Gott! vergieß auf mich Armen nicht. Hilf, Herr, wenn es die unendliche Kette deines Verhängnisses erlaubt, wo nicht, so laß mich nur nicht sehen und hören, wann Unschuld und Tugend so viel leidet —

Friz. Ach, ihr weinet ja, bester Vater! Warum denn? — Wer hat euch was gethan? Wenn ich euch weinen sehe, so muß ich ja auch mit weinen. —

Julie. Sey ein Mann! — Bester, unsre Noth ist groß, alles will eßen, und wir haben nichts. Wir müssen fremde Hilfe suchen.

Scherm. Wo willst du sie suchen, wenn du bei dem Allgütigen keine findest; bei Menschen suchest du, ach! umsonst.

Julie. (Vorschnell mit heftiger Rührung) Komm her, Friz! du mußt schon helfen zu Linderung unserer Noth etwas beizutragen. Stelle dich hin auf die Straße, oder gehe in Häuser, gutmühigen Leuten unser Elend vorzustellen. Ich weiß, du

wirst Tiegergemüther finden, die in jeden Armen
den verkappten Schelm zu sehen glauben; Herzen,
die mit einer dreifachen Löwenhaut umgeben sind;
die keine Zähre des Jammers zu rühren vermag;
— aber du wirst doch auch Menschen, gute Men=
schen finden, die in deine Thränen, auch eine Mit=
leids Thräne weinen, großmüthige Menschen, den=
nen Mutter Natur ein Herz, und in das Herz un=
bezwingliche Triebe zum Wohlthun gab, edle See=
len, die die Gottheit bestimmt hat, unser Elend nur
auf Augenblicke zu lindern. —

Friz. Also soll ich betteln gehn, liebe — lie=
be Mutter.

Schermann. Ja, mein Sohn! du sollst
fremde Leute um ein Allmosen bitten.

Julie. Uiberall, Kind! sollst du bitten, wo
du glaubst, daß die Leute zu geben im Stande
seyn können.

Friz. Es gibt aber wie ich höre, garstige
Leute, die auf die Armen murren, und dieselben
recht aushunzen: O wenn ich nur von solchen Un=
holden nichts begehren dürfte; denn das mag weh
thun.

Julie. Verstehe dich nur mit Bescheidenheit
auf dringendes Bitten; denn nicht jedes Herz ist
auf den ersten Drang beweglich. Sey demüthig
ohne zu kriechen, Mitleid erweckend, ohne heuchleri=
scher Mine.

Friz. Ja so. Ich will in Gottes Namen ge=
hen, Tag und Nacht um Brod bitten, bis ich eins
verdienen kann. (ab)

———————◆———————

Vier=

Vierter Auftritt.

Schermann. Julie.

Scherm. Gott! welch ein nagende Flamme greift mir ans Herz. Noch nie fühlt ich mein Unglück, meine Armuth so sehr, als in diesen unseligen Augenblick. O Verhängniß! so daß beste, edelste Weib! — solche Kinder! — O du allmächtiger Wirkungsgeist der Schöpfung, rette, rette mich, du, der die Räder des Schicksals über diesen unruhigen Ball der Erde lenkest! — (faltet seine Hände empor und singt.)

Stärke mich, du Urquel der Naturen,
   Zeige mir dein holdes Angesicht!
Gieb mir Kraft, nicht wider dich zu murren,
   Oder deiner Vorsicht Gotteslicht.

Stärke meine schwermuth kranke Seele,
   Die ein Kerker voller Elend engt,
Nim die Geisel weg, die vor der Schwelle
   Meines unverdienten Schicksaals hängt.

Güsse Balsam mir aus deinen Händen,
   Sonnenschein in dieses wunde Herz,
Laß mir Noth und Elend bald vollenden,
   Lindre meines Weibes Seelenschmerz!

(gebeugt und rührend) O Julie! Julie! wie unglüklich bist du durch mich — durch mich geworden.

   Julie. Nein! Nicht unglücklich, Trauter! Du durch mich. Ich leide nur, wenn du leidest; sonst ist mir recht wohl. —

                  Scherm.

Scherm. O du Engel von einer Gattin!
Wem Gott lieb hat, dem geb' er solch ein Weib —
So lächelst du ruhig noch im Drange der äusser=
sten Armuth, trozest dem stürmischen Gewitter des
endlosen Unglüks mit einer so heitern himmlischen
Mine, die mir auch im Tode sogar Seeligkeit
stralen wird. —

Julie. O mein Bester! Du mein Alles —
mein Alles!

Julie.

Ach, ohne dich wär mir dieß All
    Nur eine Trauerhöhle;
Du bist in diesem Jammerthal
    Der Liebling meiner Seele

Scherm.

Mich soll, o Hälfte! kein Gesez
    Von deiner Seite trennen
Zu dir soll meine Liebe stäts
    Durch alle Adern brennen.

Julie.

Mein Alles du, troz Sturm und Noth,
    Mein treuer Staubgefährde!
Mit dir geh' ich durch Nacht und Tod,
    Im Elend dieser Erde.

Scherm.

Durch dich wird mir mein Leiden süß,
    Erträglich all mein Kummer,
Durch dich der Ort ein Paradies,
    Mein Schicksal sanfter Schlummer:
                Bei=

Beide (Was mir dein theures Herz enthält,
(Vertauscht' ich nicht um eine Welt!

Julie. Glaub mir mein Lieber! es giebt noch viel ärmere, als wir sind, es giebt aber auch dürftige Menschen, die sich ihr Schicksal selbst unerträglich machen. —

Scherm. Aermere kann es unmöglich mehr geben: was sind wir? welche Aussicht haben wir? — keine Hilfe, keine Rettung, keinen Freund, keinen Trost, kein Labsal — — Und doch würde ich alles gerne dulden; denn deine Standhaftigkeit erhebt die meinige; allein unsere Kinder — Weib! diese — mein Innerstes: wenn ich sie so ansehe, weint meiner Seele blutige Thränen und in dem schauerlichen Winkel meines Herzens sitzt einsam der Tod....

Fünfter Auftritt.

Vorige.

(Hanchen kommt mit einen kleinen Bündel zur Thüre herein.

Hannch. Umsonst, geliebteste Aeltern! alles umsonst; kein Mensch will etwas borgen.

Julie. Was hast du denn dahier?

Hannch. Eine Arbeit für den jungen Freismuth.

Scherm. So? Hört, mir fällt ein guter Gedanke bei. Ich will zu dem guten Jungen gehn und ihn um einige Groschen im voraus zu bitten, die er andern in Abschlag bringen kann. Lebt wohl, wir sehen uns gleich wieder. (ab.)

Sechs-

Sechster Auftritt.

Julie. Hannchen.

Hannch. O! der gute Vater; jeder Schritt
ist vergebens; Mutter! Mutter! was hat die Welt
für Ungeheuer zu Menschen — Der junge Herr
gab mir nicht umsonst diese Arbeit, ganz gewiß
hat er andere Absichten. Hören Sie liebste
Mutter! was er sagte. (singt)

Komm, rosiges Hannchen! nur Abends zu mir;
 So sprach er mit lüsterner schnöder Begier,
Da will ich dein harren, vom Schloße nicht
                    weit
Zur Stunde der Dämrung, zur traulichen
                    Zeit.

Es soll dich nicht reuen, ich stehe dir gut:
 Ich theil mit dir alles, mein Gut und mein
                    Blut
So du mir Verlangen und Willen erfüllst,
 So geb' ich dir, was du wünschest und
                    willst.

Sey du nur nicht spröde, und komme gewiß:
 Denn, Hannchen! die Küße der Liebe sind
                    süß!
Verschweig' es der Mutter und komme zur
                    Zeit
 Der Dämrung, ich bin dich zu küssen be-
                    reit. —

Also Mutter! ich will hingehen, euch zu retten; ich hab' es ihm mit einen stummen Ja zuge-
sagt. Will hingehen, euch zu retten, wie ein
              B   Läm-

Lämmchen das zum Schlachtopfer am blutigen Strick hingeschleppt wird; will hingehen, aus einer verlassenen — eine Verworfene zu machen. —

Julie. Nein, edelmüthige Tochter! das solst du nicht. Es wird noch andere zu unserer Rettung geben. Eines fällt mir bey, und hilft dies nicht; dann, o dann magst du verlohren gehen — (mit unsinniger Gebehrde) deine Unschuld zu Tode vergiesten lassen — — — Geh' indessen auf deine Kammer, zerfleische deine Knie und bitte mit wundgerungenen Händen den Vatter Aller, bis ich komme und Rettung habe. Sage deinem Vatter, wenn er kömmt, daß ich euch Labsal bringen werde. (Beide auf verschiedenen Seiten ab.)

Siebenter Auftritt

(Zimmer in Freysmuthswohnung)

Anton. Marie.

Anton. (Tritt hohnlachend auf.) Ha, ha, ha! Das war ein feiner Spaß. Wie der alte Scherbock über die Stiege hinunter purzelte, ha, ha, ha. Da kommt das wimmernde Männchen herangeschlichen, winselt eins daher, und will Geld zum Voraus haben: kann er nichts arbeiten, so schick er mir meine Sachen zurück — was brauchts da die Betlereyen?

Marie. Aber, Bruder! du hast ein grausames Herz: den Mann so über die Stiege hinabzuwerfen! Man sagt mir, der Arme habe einen grauen Kopf, und, du weißt's, graue Haare soll man in Ehren halten.

Anton.

Anton. Ei was! So ein verdammtes Bettelvolk brauch ich nicht.

Marie. O mein Bruder! — Was sind wir Menschen? Könige und Bettler sind ein Staub, wann sie im Todesschlummer liegen. — Heute besitzen wir alle Reichthümer; morgen ist alles verlohren. Morgen weht dich ein günstiges Lüftchen des Glücks an, übermorgen zerstört dich der Donnersturm des Unglücks. Unerforschlich ist das menschliche Verhängniß! — Höre, deine Schwester, die dir nichts übles wünschen kann, wird dir ein anpassendes Liedchen singen.

Bruder, spotte keinen
   Armen grauen Mann.
Denk, daß auch die deinen
   Armuth treffen kann.

Glaub, daß deines Gleichen
   Gott auch strafen kann,
Noth trift auch den Reichen,
   Glück den Bettelmann!

Auf des Glückes Treue
   Rechnen, trügt man sich,
Morgen kömmt die Reihe
   Auch vielleicht an dich. —

Bettler werden Reiche,
   Reiche werden arm.
Schnell sind Schicksals Streiche!
   Schwer ist Gottes Arm.

Heute blüht die Schotte
   Morgen welkt ihr Roth.

Das

Darum Bruder spotte,
   Keines Armen Noth.

Anton. Geh, geh, mit deiner Moralphiloso=
phie; so was kann mein kitzliches Ohr nicht erdul=
den. Höre lieber, saubere Moralistin! ich will
dir ein anders singen, das besser klingt, als dei=
nes (singt.)

   Wir Reiche sind lustige Spötter,
     Wir machen nur was uns gefällt.
   Denn sind wir nicht irdische Götter,
     Die Herren der dürftigen Welt?

   Der Armuth muß alles gefallen,
     Man geißle, man schlage sie tod.
   Was kümmert uns bettlendes Lallen,
     Das Elend, der Jammer, die Noth!

   Mein Herz bleibe härter wie Sohlen,
     Denn Mitleid wär Schande für mich.
   Der Teufel soll's Bettlervolk holen,
     Wem hungert, der esse wie ich.
                 (läuft ab.)

Achter Auftritt.

Marie, allein.

Geh mir, du verblendeter Bruder! Gott hal=
te deinen Frevel über die Armuth zu Gnaden, er
vergebe dir; denn du weißt nicht was du thust. —
(nach einer besorgnußvollen Pause.) Aber, aber wo
bleibt den mein Leopold so lange? — Sonst war
er immer um diese Zeit da: wo wird er wohl so
                             lange

lange bleiben? Iſt ihm etwas vielleicht zugeſtoßen?
= = = (ſingt)

Ich liebe nicht um Geld und Gold,
　　Ich lieb ihm nur allein;
Ich wünſche mir bey Leopold
　　In Ewigkeit zu ſeyn.

Ich wünſche weder Pracht noch Gold,
　　Das manches Mädchen ehrt,
Mir iſt mein lieber Leopold,
　　Viel tauſend Welten werth.

Und würd' ich eine Königin,
　　Wär mir ein König hold,
Ich gebe hundert Kronen hin
　　Um meinen Leopold.

Nur ihm alleine bin ich hold,
　　Ich haſſe Gold und Geld,
Mir iſt mein lieber Leopold
　　Mein alles auf der Welt.

Recit.　) Den meinen lieben Leopold
　　　　) Bin ich allein auf Erden hold.

Neunter Auftritt.

Marie. Leopold.

Leopold. (Der ſie eine Weile behorcht, ſpringt
voller Laune hervor, und fällt ihr ſingend ein.)

Recit.　) Wie? deinen lieben Leopold
　　　　) Biſt du allein auf Erden hold? (küßt ſie)

　　　　　　　　　　　　　Marie!

Marie! wie du liebest mich,
    So lieb ich dich allein,
Auf Erden möcht ich ohne dich
    Kein Fürst, kein König seyn.

Du bist mir selbst ein Königreich,
    Marie ewig mein!
Du bist der Rosenknospe gleich,
    Und blühst für mich allein.

Du bist das Mädchen welches mir
    Vor tausend wohl gefällt,
Mein Engel, aller Blumen Zier,
    Mein alles auf der Welt.

)Marie ich dein Leopold,
)Dir mehr als Kronen, mehr als Gold?
Beide Recit.)Ja dir mein lieber Leopold,
)Bin ich allein auf Erden hold.

Marie. Weil du nur wider bei mir bist.
Schon war ich deinetwegen besorgt; ich wähnte,
daß dir vielleicht ein Uibel geschehen seyn könnte.

Leopold. (mit einem tief geholten Seufzer.)
Ach! Marie.

Marie. Himmel, was ist dir? was ist dir
geschehen?

Leopold. Ach, dein grausamer Bruder.

Marie. Was hat dir dieser gethan?

Leopold. Viel, sehr viel, Beste! Gerne,
wenn es mich allein beträfe, gerne wollt ich ver=
schmerzen, wollte ihm noch dafür danken, daß es
                                            mich

mich allein betroffen hat, aber — meinen Vater, meinen armen Vater, dieser. Der Schmerz zerreißt mir alle Nerven des Gefühls.

Marie. Du tödtest mich: Rede!

Leopold. Mein Vater, von Noth getrieben, gieng Er zu deinem Bruder, welcher ihm durch meine Schwester eine Arbeit ins Haus schickte, etliche Groschen auf Abschlag des Arbeitslohns zu begehren; statt aber dieselben ihm zu geben, stieß er meinen alten grauen Vater so gewaltig über die Stiege, daß er im Falle eine gefährliche Wunde an seinem ehrwürdigen Haupte bekam; eine Wunde, woraus eine blutige Quelle fließt. (weint innig) Gott! gerechter Gott.

Marie. Grausamer, grausamer Unmensch! du — nicht mein Bruder.

Zehnter Auftritt.

Anton. Vorige.

Anton. Heida, so tref ich euch hier wider beisammen an?

Marie. Geh mir aus den Augen, du Unhold! Sage nicht mehr, daß du mein Bruder bist.

Leopold. Verzeihen Sie, Herr Anton! Ihr Betragen gegen meinem alten Vater macht Ihnen und der Menschlichkeit keine Ehre. Sind wir gleich arm, und Elend, so haben Sie dennoch kein Recht uns zu mißhandeln.

Marie. Verstehst du diese Sprache? Bedenke deine —

Anton. Ei was bedenken: wer sind wir? und wer ist dieser da?

Leopold.

Leopold. Ha! pfui deiner hochgebohrnen niedrigen Schandseele! So ein verworfenes Wesen hätt ich in ihr nicht gesucht.

Anton. (lärmend.)

Marsch, packe dich aus unsern Haus!
Du Bettellump zur Thür hinaus!

Marie. (heftig.)

Du sollst ihn nicht vertreiben,
Mein Leopold wird bleiben!

Leopold. (edelmüthig.)

Ich geh; doch meiner Ehre Gut
Soll mir kein Schandmensch nehmen,
Eh soll der letzte Tropfen Blut
Aus meinen Herzen strömen.

Anton. (rasend.)

Geh Bettellump! und packe dich
Mit deiner armen Seele,
Sonst schick ich dich mit einem Stich
Zum Teufel in die Hölle.

Marie.

Mein lieber Leopold bleibt hier,
Trotz deiner bösen Zunge,
Sen Herz gehört schon länger mir,
Mein ist der edle Junge!

Anton.

Anton.　)Es packe sich aus diesen Haus
　　　)Der Bettellump hinaus! hinaus!

Mar. Recit.　)Du sollst ihn nicht vertreiben;
　　　)Mein Leopold muß bleiben!

Leopold.　)Ja, doch für meiner Ehre Gut
　　　)Geb ich den letzten Tropfen Blut!

(der Vorhang fällt.)

Ende des ersten Aufzugs.

––––––––––

Zwey=

Zweyter Aufzug.

Erster Auftritt.

(Zimmer bey Schermann.)

(Hannchen mit losgebundenen Haaren, eilt in größter
Verwirrung zur Thüre herein; Anton ihr aufdem
Fuſſe folgend, mit erhitzten Geſichtszügen.)

Hannchen (ſingt)

Ich schrey', ich schrey', ich schrey',
  Giebſt du mir keine Ruh,
Ich schrey bei meiner Treu,
  Du geiler Junge, du!
Um Hilfe! Hilfe! schrey'
  Ich, Gott bey meiner Treu!

Anton.

Liebs Hannchen, mußt nicht schreyen,
  Ich bin dir, Täubchen! hold,
Ein Kuß soll dich nicht reuen,
  Hier haſt du Gut und Gold.

                                        Ich

Ich gebe dir mein Gut,
  Mein Leben und mein Blut.

Hannch.   )Um Hilfe! Hilfe! schrey,
)Ich Gott bey meiner Treu!
Anton.   )Ich gebe dir mein Gut,
)Mein Leben und mein Blut.

Hannch. Laßen Sie mich. Ich hab es Ihnen schon ein für allemal gesagt. —

Anton. Wie könnt ich dich lassen, schönes Hannchen, es mag da kosten, was es will. Hier hast du indessen meine Goldbörse, hier meine Uhr und meinen Ring, alles, alles auf der Welt sollst du von mir haben.

Hannch. (zornig) O! welch eine niederträchtige Gabe! — Haben Sie nicht meinen ehrwürdigen grauen Vater, der solch ein Geschenk mehr verdient hat, dann ich, zur Stiege hinunter gestoßen, ohne ihm einen Heller zu geben? Welch eine Schande für die Menschheit! Sie biethen einem jungen Mädchen all ihr Habe an, um Ihre sträflichen Begierden zu befriedigen, und laßen da einen alten schuldlosen um ein paar Groschen Willens Hungers sterben.

Anton. Pah, pah! Herzenskind! Schweige davon. Ey, du feuriges Blondinchen! in der Heftigkeit deines Zornes bist du noch viel reizender. Was geht mich dein Vater an; du gefällst mir besser als er. (will sie küssen) Komm, du blühendes Veilchen! komm hier nur auf einige Minuten in dieses Kämmerchen; es soll dich, mein Herzchen, wahrlich nicht reuen. (zieht sie hin bey der Hand)

Hannch.

Hannch. Ich rufe um Hilfe —

Anton. So komm nur, du gurrendes Täub‐
chen, auf einen Augenblick, sey nicht so spröde und
zörne dich nicht so lange. — (er zieht sie immer nä‐
her an die Kammer)]

Hannch. (laut schreiend) Hilfe! Hilfe! — ist
denn Niemand da? Hilfe! Hilfe! Hilfe!

Zweyter Auftritt.

Vorige. Leopold. Marie.

Leopold. (Nach einer verwunderungsvoller
Pause.) Was giebts da? was ist dies für ein
Lärm?

Hannch. O rette mich, Bruder! eh meine
Tugend ein Raub der Geilheit dieses Niderträchti‐
gen wird —

Leopold. Herr! — was wollen Sie mit
meiner Schwester? — Ists nicht genug, daß wir
arm sind, wollen Sie unsere Armuth, unser Un‐
glück mit Ihrer Niderträchtigkeit schänden?

Marie. (zu ihrem Bruder) Hast du noch nicht
genug? Fordert das Vollmaß deiner Frevelthaten
noch Opfer der Hilflosen Unschuld? — Ist dein
Gewissen eine Freystätte, wo die weinende Tugend
ohne Rücksicht auf Schande gefoltert wird? O —

Anton. (hönisch) Ich empfehle mich deiner
moralischen Zunge, Mamsel Schwesterchen!

Marie. Spotte nur, Unsinniger! du wirst es
in der Folgezeit bereuen.

Anton. Bereuen? Bereuen, Mamsel? Hab
ich nicht Vermögen, um den kostbaren Schatz den
ihr Tugend nennet — hab ich nicht Geld, sag' ich,

um

um so ein köstliches Kleinod bezahlen zu können?
— Bei einer Jeden muß ich um Geld den Sieg
davon tragen. —

(Singt.)

Ha, bin ich nicht ein großer Held
   Im süssen Krieg der Liebe?
Wo ist ein Mädchen das um Geld
   Mir unbeweglich bliebe?
Die sprödeste der Schönen
   Muß meinem Gelde fröhnen!

Ist einen Festung noch so sehr
   Bewahret und verschanzet;
Und sind auch zahllos um sie her
   Kanonen aufgepflanzet
So wett' ich doch mein Leben
   Um Geld muß sich's ergeben

Um Mädchen und auch Weiber fein
   Bald in mein Netz zu kriegen,
Such ich mit Gold und Edelstein
   Sie lustig zu betrügen;
Husch weht die Liebesfahne
   Auf meiner Siegesbahne.

So ists mir leicht das ganze Heer
   Der Mädchen zu besiegen,
Und wann es selbst ein Weib auch wär,
   Sie muß mir unterliegen. —
Ihr Herren von der Ehre
   Kommt daß ich euch belehre! (läuft ab)

Leopold. O Marie! Marie! Welch ein Mensch
ist das?

Ma=

Marie. O — er ist nicht mein Bruder; ich schäme mich dieses Menschen!

Hannch. Gott ich mußte mit ihm kämpfen, wie eine Taube gegen den Falken. Er benützte die Gelegenheit, da mein von ihm verwundeter Vater schlief, und wußte, daß weder meine Mutter, noch sonst Jemand zu Hause ist.

Marie. Ich bedaure sie recht sehr, liebe Freundin! über den Unfug, den der Bösewicht auf Kosten ihrer Ehre unternehmen wollte. Ich wünsche ihr alle seine frevelhaften Beleidigungen gut machen zu können; sie sollte alsdann bald überzeugt werden, wie sehr ich Tugend und Rechtschaffenheit am meisten in dem leinenen Kittel der Armuth schätze und verehre.

Hannch. Ich danke vom ganzen Herzen! (nachdenkende Pause) Aber wo bleibt den meine Mutter so lange? mir wird Angst und Bang um die Gute. Wenn — Mein Gott! Eine Ahndung schwellt meine Brust — Ach, wenn diese Ahndung Würklichkeit würde. = = =

Leopold. Sey unbesorgt, liebste Schwester! Der Himmel weiß gute Menschen zu schützen.

Marie. Habt Geduld, meine Lieben. Es soll euch geholfen werden. Ich wollte euch alles geben, was mein wäre, aber ich kann izt noch nicht. Mein Vater ist eben von seiner Reise zurückgekommen; ich will eine Vorbitte thun; Es soll euch gewiß geholfen werden.

Leopold. Um Gotteswillen, Geliebteste! nur das nicht. Dein Vater ist ein reicher wohlhabender Mann, und der Meinige ist arm und elend. Welch' ein Abstand zwischen dir und mir? Du weißt, daß Väter von solchen Vermögen ihre Töchter immer wieder an wohlhabende Söhne verloben;

weiß.

weißt, daß reiche Leute die Armen nicht leiden kön=
nen. —

Marie. (mit Wärme) Theurer, wenn du das
glaubst, so kennest du meinen Vatter nicht ganz.
Er sieht nicht auf den Reichthum eines Jünglings
sondern auf Edelmuth, Kenntnisse Harmonie der
wahren Liebe; er sieht auf ein Herz, das Schlag
auf Schlag mit dem meinigen klopfet, auf prak=
tische Tugend, auf den innern Adel der Seele, auf ei=
nen redlichen, deutschen, biedern Jüngling, und die=
ser — Leopold — bist du! Es gehe wie es will,
du — du Einziger! Du sollst der Mann meines
Herzens werden. (singt)

> Dich werd' ich bald umschlingen
>   Als ehelichen Gemahl,
> Bald wird uns Rosen bringen
>   Du Liebe meiner Wahl.

> Wir werden selig leben,
>   So selig wie im Traum,
> Umarmen uns wie Reben
>   Den jungen Pappelbaum.

Leopold.

> Marie ach! dies wäre
>   Mein Wunsch, mein einziger
> Gedanke, Gott gewähre
>   Mir sonst kein Glücke mehr. —

> Gott! daß ich bald genüße
>   Sie die Umarmungen,
> Um solche Engelküße
>   Will ich den Tod bestehn.

Han=

Hannch.

Ach, wären meine Brüder
    Und Aeltern so vergnügt!
Die Noth schlägt sie darnieder,
    Gott ists, der sie, besiegt! —

(Alle drei mit verschlungenen Armen ab.)

Dritter Auftritt.

Julie.

(Zimmer in Freysmuths Wohnung. Freysmuth liegt
auf einer Sopha und schläft. Julie schleicht
zur Thüre ganz leise und traurig herein, sieht sich
schüchtern um und singt leise.)

Gott, welch ein Fall!
    All überall
Klag' ich mein Elend den Winden!
    Was fang' ich an?
Ach nirgends kann
    Ich Hilfe und Linderung finden!

Wohin soll ich
    Auf Erden mich
Um Trost und Rettung noch wenden!
    Ich klag mein Leid
Vergebens heut
    Nur stummen und horchenden Wänden!

Ach, mir erscheint
    Kein Menschenfreund,
Die Schmerzen des Elends zu lindern:
                                    In

Ich muß, o Gott!
In dieser Noth
Verschmachten mit Gatten und Kindern!

Nun — Also keine Hülfe mehr, keinen Trost keine
Hofnung. Verlassen von allen Menschen, von aller
Welt. Alles taub für die Stimme des Elends; sogar
verlohren das mitleidige Gehör meiner Freunde. —
Was ist nun zu thun? Rede, du traurige Em-
pfindung meiner Seele, — rathe mir. Mann und
Kinder warten Hilflos auf meine Ankunft um Brod.
Weinen werden sie, und ihre Thränen sind bren-
nende Tropfen für mein Herz. — (entschlossen)
Wage eine That, eine schwarze That, die du nie begangen haben würdest — aber — wisse, so eine
Noth wie die deinige hat keine Gesetze — O! er
schläft freylich so sanft; wenn er nur in diesen Augenblick nicht erwachte. — Wag' es, Julie, was
du nie wagtest, um deinen Mann, deine Kinder
zu retten — (sie naht sich einigemalen dem Schlafen-
den, bebt aber immer wider zurück) Was thust du
Weib? — raubest? — man wird dich ertappen?
— zu Gerichte schleppen — Mann und Kinder
mit Verachtung gebrandtmarkt werden? — werden ihre Hände zum Himmel erheben — dir flu-
chen für so eine That? — Komm ich ohne Hilfe
nach Hause; was werden sie da thun? — Bist du
nicht Gattin? — bist du nicht Mutter? — Julie? — Wenn sie der Hunger, die Verzweiflung
auf dem jammervollen Boden hingestreckt hat, wenn
sie dir beim Eintritt zuruffen. Mutter! Mutter!
Mutter! Brod! Brod! Brod! der lezte Faden des
Lebens reißt. — Wie wird es bluten — bluten —
wird es nicht brechen mein Herz? — Gewagt,
Julie — du bist Mutter! — (fällt auf die Knie und
ringt weinend die Hände empor.) Allmächtiger ewi-

2. Bändch. C ger

ger Gott! Sieh die verlaffenſte dieſer Erde auf
zitternden Knieen, ſieh herab in mein Herz, das
die heiffeſte Quelle meines Gebethes iſt, und ver=
gieb mir dieſe That, ſo ich im Sinne habe; wo
nicht, ſo ſtrafe dieſe Schuld allein an mir, laß die
Donner deiner Rache allein auf mich fallen, ver=
ſchone nur meinen elenden Mann und meine hilf=
loſen Kinder — (ſchluchzend) Ja, Julie, du biſt —
Mutter! (ſteht nach einer laugen Pauſe kraftlos auf.)
Ja, ich hilf euch, und rolle mir euch zu Liebe Got=
tes Donner über mein ſträfliches Haupt — (ſie naht
ſich entſchloſſen dem Schlaffenden, und zieht ihm gauz
leiſe einen Beutel mit Geld aus der Taſche heraus.)
Nun iſts geſchehen. — Allgütiger, der du alle
Handlungen der Menſchen ſieheſt und richteſt, ſieh
meine ſchwarze That; ſieh mich groſſe Verbreche=
rinn mit deinem allbarmherzigen Sonnenaugen
an, und vergieb — oder ſtrafe mich allein!
(geht eilig ab.)

Vierter Auftritt.

Freysmuth, allein.

(erwachend nach einer langen Pauſe.)

Freysm. Ha, welch einen ſchweren Traum
hab ich geträumt! Meiner Tochter ſoll ich Gehör
geben? dieſe weiß alles = = = =? Schauder kal=
ter Schauder wittert mir noch durch meine Adern.
Wie ſie alle bebten vor Freude! Wie ſie zerfloſſen
in dem unendlichen Taumel des Entzückens! Wie
ſie meine Knie mit unſäglicher Rührung umfaßten!
Wie ein Meer von Seeligkeit ihre Zungen lähmte,
wie die ſtumme Wonne aus ihrer Augen ſtrahlten
und Millionen Dankesthränen meine Hand benetz=
　　　　　　　　　　　　　　　　ten.

ten. Sind denn Träume wirklich weiſſagende Ge-
fühle des Zukünftigen?? (er nimmt ſein Schreib-
buch, und blättert in demſelben herum) Hm! der
Landrath kann noch warten. Aber Herrn Schermann muß ich fünftauſend Pfund Sterling aus-
zahlen, der Mann wird ſich auch keinen Kreutzer
mehr ſchätzen.

Fünfter Auftritt.

Freysmuth. Marie.

(welche den kleinen Fritz an der Hand führt.)

Marie. Fürchte dich nicht, mein lieber klei-
ner! es ſoll dir nichts geſchehen.

Freysm. Was bringſt du den da für einen
Knaben?

Marie. Er weinte ſo ſehr, und erzählte mir
weinend, daß er ſchon ſo lange nichts gegeſſen
habe.

Freysm. Wem gehörſt du zu, mein Lieber?

Fritz. In dem kleinen Haus da unten.

Freysm. Wie heißt dein Vater?

Fritz. Mein Vater heiſſet Schermann und ich
heiſſe Fritzl.

Freysm. Seyd ihr den arm?

Fritz. (weinend) O! ſo arm, daß wir ſchon
drey Tag nichts zu eſſen haben.

Freysm. Iſt das wahr?

Marie. Ja, liebſter Herr Vater! das iſt
wahr. Ich kenne die ganze Familie, der Vater
iſt alt, hat keine Arbeit, und die Mutter leidet zu
Haus ſamt ihren Kindern die unausſprechlichſte
Noth. (es entfallen ihr Thränen.)

Freysm. So viel ich sehe, meine Tochter! rührt dich das Unglück dieser Unglücklichen? Mich freut's, daß du so ein mitleidiges Herz hast, es macht dir sehr viel Ehre. Er soll den Armen alsogleich geholfen werden.

Marie. (freudig.) Tausend, tausend Dank, bester Vater! Aber wo finde ich Worte für die Innigkeit meiner gränzlosen Dankbarkeit.

Freysm. Laß es gut seyn. Komm zeige mir die Wohnung dieser armen Familie an.

Marie. O Vater, vom ganzen Herzen! (alle freudig ab.)

Sechster Auftritt.

Wohnung in Schermanns Hause.)

Julie. (kommt Schwermüthig zur Thür herein und singt.)

Noth, du bist auf eine Zeit verschwunden,
    Deine Stürme hab ich überwunden;
Mann und Kinder haben endlich Brod,
    Aber deine Rache Gott!

Nimmer, nimmer werd ich Ruhe finden,
    Rächen wird sich Gott an meinen Sünden,
Das Bewußtseyn meiner schwarzen That.
    Ist ein schrecklichs Feuerrad.

Mein Gewissen nagt an meinem Leben,
    Nimmer wird mein Herz sich froh erheben.
Aber ich war Mutter in der Noth;
    Drum vergieb mir, guter Gott!

Nun,

Nun, denk ich, ist uns auf eine Zeit geholfen. Ha, wie wallt mein Blut, wenn ich so einen reichen Prasser sehe, der sein Geld mit einer
elenden feilen Dirne verschleudert, indessen der
Arme in dem Schoß. — (sie horcht hin an die Thür)
Mein Gott, ich höre Geräusch. (furchtsam) O, wie
schlägt mir mein Herz! Verstellung, lügen in dem
Augenblick ein rechtschaffenes Angesicht! Ihr ver-
worrenen Gesichtszüge stalter euch nun, daß ihr
die Verbrecherin nicht verrathet! Kommt Jemand,
der unsre Umstände weiß, so hab ich das Geld
gefunden, nein, oder zu schenken, nein, oder
zu — —

Siebenter Auftritt.

Julie. Leopold und Hannchen.

(führen ihren Vater herein, dessen Stirne mit einer
weisen Binde verbunden ist.

Scherm. Ja, meine lieben Kinder! das war
ein harter Fall. Gott grüsse dich, liebes Weib;
lange harren wir deiner!

Julie. (entschlossener Geberde) Sey mir willkommen, Vater und Kinder! Hier habt ihr
— hier - - -

Scherm. Was hast du hier, Weib?

Julie. So nimm es — hier - -

Scherm. (fühlt den Beutel) Wie? was? —

Julie. Geld; ein Klang, der die Todten-
Glocke des Hungers übertönt. Rettung, Rettung für euch, meine Lieben!

Leopold.)Woher? Von wem? sagt es uns.

Hannch.)Liebste, beste Mutter!

Scherm.

Scherm. Julie, warum zittert deine Hand so
gewaltig?

Julie, (stockend) O nein, ja, ich, denke, vor
Freude, vor Freude.

Leopold. O Mutter, Mutter! ihr stammelt
mit der Zunge, stottert mit der Rede, sagt was
ists?

Julie. Geld ists; ein Bedürfniß, das wir
am nothwendigsten brauchen, und ihr freut euch
nicht darüber?

Hannch. O liebste Mutter, euer furchtsames
Betragen leitet uns auf verschiedene Zweifel.

Scherm. Um des Himmelswillen, theures
Weib, ich bitte dich recht sehr, entreiß uns der
Ungewißheit, und sag' uns doch aufrichtig, wo du
dieses Geld her hast?

Julie. Wo? wo? wo ich das Geld her ha=
be? — wo — ja, man hat mir verbothen es euch
zu sagen

Scherm. Weib! um alles in der Welt! —
Ich kann's nicht nehmen, bis ich nicht weiß wo=
her es ist.

Julie. Wenn ihr meinen Worten nicht glaubt,
so nehm ichs wider zurück.

Leopold. O Mutter, ich beschwöre euch bei
allem, was euch heilig ist, saget, wo ihr das
Geld her habt?

Scherm. (Wir bitten euch um alle Welt!
Hannch. (alle drei zugleich) (Woher habt ihr denn dieses Geld?
Leopold. (Bei Gott und eurem Leben!
(Wer hat es euch gegeben?

Julie.

Julie

Genug; nehmt dieses Geld nur hin!
Was fragt ihr eure Retterin?
Mir werden eure Fragen!
Zu unruhvollen Plagen!

Hannch. (O Mutter, ach! wir bitten sehr,
Leopold, (Woher habt ihr dies Geld, woher?

Julie, Genug; nehmt dieses Geld nur hin!
Was fragt ihr eure Retterin?
Scherm. O Weib! weißt wie ich lieb dich hab',
Gesteh', wer dieses Geld dir gab?

Julie.

Genug nehmt dieses Geld nur hin,
Was fragt ihr eure Retterin?
Mir werden eure Fragen
Zu unruhvollen Plagen!

(Julie legt das Geld voll Unmuth auf den Tisch)
Hier liegt die beste Arzeney gegen den Hungertod. — Genug daß ich euch gerettet, und mich
dadurch zur unglücklichsten dieser Jammererde ge=
macht habe — (eilt mit verzweiflungsvollen Geber=
den ab)

Achter Auftritt.

Scherman. Leopold. Hannchen.

Scherm, Gott, wie gewaltig schlägt mein
Herz! — Sollte die Gute unsre dringende Noth

zu einem Verbrechen verleitet haben? — Aber
nein; nicht möglich; ich kenne mein Weib; wie
kann ich so arg von ihr denken;

Leopld. Ganz unbegreiflich, Vater! — Wie
sie verwirrt war, die beste, wie sie bebte, wie ihre Hand zitterte, als sie uns das Geld reich=
te, o! —

Hannch. Hört, mir fällt was bei: ja, ja
so ists gewiß. Heute, als sie ausgieng, sagte sie
ganz entschlossen zu mir: Ja ich rette euch; Geduld, es soll euch geholfen werden, und —

Scherm. Gott! Sollte es möglich seyn, daß
ein so edles, tugendhaftes Weib von irgend einem
Verbrechen irre geführt werden konnte? Das kann
ich allerdings nicht glauben. Freilich von Kindern,
hat man Beyspiele, daß viele Verbrechen, sogar
die gräßlichsten Mordthaten aus Liebe gegen Ihren
Eltern geschehen sind. Ihre Liebe zu mir, ihre Liebe zu euch könnte sie —Aber nein, (weint inniglich,
indem er sich auf Hannchens Schultern stützt.) So was
sollte noch meine Grauheit erleben, krümmen mein
bereiftes Haar? und du, Allgütiger! fordertest
mich nicht bevor zu dir? nicht zu dir?

Leopold. Meine Mutter (dringend, und weinend) Gott!

Hannch. (Rührend, mit Thränen) Wären wir
nicht alle noch unglücklicher, verworfener, von der
ganzen Welt verachteter?

Neun!

Neunter Auftritt.

Schermann. Leopold. Hannchen. Anton.

(welcher sich ganz leise auf den Zähen hereinschleicht.)

Anton. Aha, ahi, ihr plärenden Nachtigallen! So wie ich sehe, seyd ihr alle in die traurigste Lustbarkeit verfallen? J', was Pest und schwere Noth habt ihr da im Sinne? (zum Hannchen) Nu, meine reizende Lerche, noch immer so spröde wie vor einen halben Stündchen? Sind die blöden Saiten deines Hasenherzens noch nicht herab gestimmt?

Hannch. Noch keine Ruhe, Herr Anton! Warum verfolgen Sie eine verlassene so sehr?

Anton. Hi, hi, du kleine Philomele! weil du gar so reizend bist; weil du mir so wohl gefällst du schöne Here!

Leopold. Herr spotten Sie unser nicht: wir sind in der mißlichsten Lage in der Welt. Wir könnten in diesem Augenblick eben so verfahren mit Ihnen, wie sie zuvor mit unseren alten unbeweglichen Vater —

Scherm. Ja, Herr, Sie sind mit mir unmenschlich verfahren. Ist das die Art, mit der man einen mühseligen Graukopf, der es mit Ehren geworben ist, behandelt?

Anton. J, Parbleu! pah, pah, ich hab's ja mit euch nicht so gemeint. Man muß sich von einem Menschen wie ich bin, nicht alles so zu Herzen nehmen, ich denke du solltest wohl schon in der Welt durch die Finger schauen gelernt haben, weißt noch nicht, ein Herrchen meines gleichen kann mit seinem Geld viel machen, der Reiche ist Herr alleine, und ihr Arme nichts, seyd nur unsere Sklaven,

ven, die thun müſſen was wir wollen. Ihr ſeyd
Würmchen, wenn man euch auf den Kopf tritt,
ſo dürft ihr euch kaum krümmen.

Zehnter Auftritt.

Vorige. Marie. Fritz. Freysmuth.

(welcher ſeinen Sohn behorcht.)

Freysm. So, Söhnchen, ſo. Treff' ich dich
hier an mit ſo ſaubern Grundſätzen der Erziehung
haſt du dieſelben vor deinem Vater, oder auf Schu-
len erhalten?

Anton. Mein Vater, ich, ich, ich, ſagte nur
aus Spaß was her, was ich einſt in einer Komödie
gehört hatte, und noch ein wenig auswendig kann.

Freysm. So? So ſehr gallant! Ich werde
dir auch was her ſagen, nur Geduld, bis wir
uns zu Hauſe treffen. Ich bin von deiner ſaubern
Aufführung in meiner Abweſenheit ſchon vollkom-
men unterrichtet, ſehr viel Freude bei meiner Ankunft!

Anton. (fällt ſeinem Vater zu Füſſen.) Mein
Vater! Vergebung! Jugendfehler, Jugendfeuer,
mein Temperament.

Freysm. Steh nur indeſſen auf; es hat noch
Zeit. (aufgebracht) Iſt dieß hier Herr Schermann,
den mein Sohn ſo ſehr mißhandelte?

Scherm. Ich bin es, Herr! Aber ich bitte
um Gnade für ihn, von mir iſt ihm alles vergeſſen.

Freysm. Rechtſchaffener Mann, damit iſt mir
und euch nicht genug gethan. Er verdient Züch-
tigung, und dieſe ſoll er nicht vermißen. (nach ei-

ner

uer Pause.) Aber sagen Sie mir, mein Freund,
waren Sie nicht mit einem gewissen Wechsler,
der hier war, bekannt, er nennt sich Lindor!

Scherm. (mit einem tiefgeholten Seufzer) Ach!
nur zu sehr hab ich ihn gekannt, den Ursacher mei=
nes Himmelanschreienden Elends. (weint)

Freysm. Warum weinen Sie, lieber grauer
Mann? Hier — (zieht einen Brief aus der Tasche:)
hier haben Sie einen Brief von ihm.

Scherm. Einen Brief? — einen Brief von
ihm? — Brief? Herr des Lebens und des Todes! —
(er bricht ihn mit bebenden zitternden Händen:) Mit
ihrer gütigen Erlaubniß! — (liest ihn:) Mein
Gott und mein Herr! — (lange Pause:) Du All=
gütiger! steh ich in Posaunenschalle deiner Engel
vor deinem Thron? — (Pause liest Weiter) mög=
lich? — wahr? — (Pause:) — unser ganzes ver=
lohrnes Vermögen sollen wir wieder erhalten? —
(kurze Pause:) Geschwind deinen allmächtigen Arm,
o Herr! Ich versinke in diesem Strom von Won=
ne — — — Halte mich: meine Seele löst sich
auf in dem tödtlichen Wirbel der Freude — (sinkt
auf einen Stuhl:) Träum ich wachend? — ist al=
les wahr? = = = =

Freysm. Alles zu wahr, edler Mann! —
Ich habe Ordre, Ihnen die ganze Summe baar
auszuzahlen. Sie befehlen, und das Geld ist
hier.

Scherm. Ich habe mit keinen Engel Gottes
zu befehlen. — Verzeih, du Abgesandter des All=
gütigen! daß dein Diener vor deiner sitzet; mein
Glück und dein Gegenwart läßt mich nimmer stehen
(Seine Kinder unterstützen mit ihren Armen, er wird
von ihnen wechselweise geküßt nach einer rührenden
Pause) Wo ist den eure Mutter? — Geht, eilt
ihr entgegen, Kinder! Sagt ihr sagt ihr — lang=

sam

fam — langsam daß wir alle glücklich sind! — Aber langsam; diese Freude könnte ihr sonst das Herz brechen. (Leopold und Hannchen eilen wonnetrunken ab.)

Eilfter Auftritt

Scherm. Freysmuth. Marie. Anton. Frtz.

Freys. (Erblickt seinen Beutel auf den Tisch liegend;) (für sich.) Das ist ja meine Börse? (sie betrachtend)

Scherm. (steht erschrocken auf:) Vergeben Sie, mein Retter! ist Ihnen diese Börse bekant?

Freysm. (befühlt seine Taschen:) Ja, so ziemlich: sie gehört mein

Scherm. So sind Sie der großmüthige Wohlthäter, der sie meinem Weibe geschenket hat.

Freysm. Wie? — Wer sagt dies? — Die Börse ist mir aus meiner Tasche gestohlen worden.

Scherm. Gestohlen? — Gestohlen, sagen Sie? — Ach Gott, nun läßt sich das Räthsel von selbst auf. Ihr furchtsames Betragen, schüchternen Minen, ihr Zittern und Zagen — alles verrieth.

Marie. (für sich) Wie? Himmel, nun ist mein Leopold für mich verlohren!

Anton. Juhu! Sagt ich nicht immer, daß dem Bettelvolk nicht zu trauen ist. That ich also dem gnädigen Herrn Unrecht, wenn ich ihm mit meiner bekannten Bescheidenheit den Zutritt in unser Haus verwehrte; wenn ich ihn so unsanft über die — —

Zwölf=

Zwölfter Auftritt.

Vorige. Julie. Leopold. Hannchen.

(Leopold und Hannchen führen Julie auf, welche beim Eintritt den Freysmuth erblickt, worüber sie heftig erschröckt; für sich.)

Gott sey gnädig! — Nun bin ich verrathen; ich und die Meinigen auf ewig geschändet und verachtet. —

Scherm. (rasch) Weib welch eine Schande haben wir erlebt. Sieh meine Haare und unsere Kinder an, und sage wie konntest so eine niederträchtige That begehen? — (nimmt eine Thräne aus dem Augen.) Diesen blutigen Tropfen aus meinem Herzen hast du — du mir erpreßt!

Julie. (fällt den Freysmuth zu Füssen) Vergieb edler Mann! wenn dein Herz einen Edlen gehört! vergieb einer reumüthigen Verbrecherinn zu deinen Füssen, die in dem Augenblick, als sie diese schwarze That begieng, sinnenlos, eine verzweiflende Gattin, eine verwundete Mutter war — nicht ich, nicht mein Herz, sondern die wirkende Verzweiflung, der rasende Wahnsinn haben mein verabscheuenswürdiges Verbrechen begangen! unerhörtes Elend, gränzlose Noth, das Gejämmer meines Mannes, das schmachtende Aechzen der Kinder haben die Nerven meines Gehirnes zerstockt, zerrüttet; ich wußte von meiner Schande nichts, bis auf die unglückliche Sekunde, da ich Dich vor mir sehe — Vergieb also, Edler! Und wenn Du ein Herz hast, das mir vergeben kann, nimm ein Dolch und durchschneid es — Mich schmerzet keine Wunde mehr; denn ich bin — Mutter = = = (Freysmuth mit wehmuthsvollen Ausdruck sieht sie stumm und starr an und troknet sich die Zähren im Auge; Pause.)

Hann=

Hannch. Gott! was ist das?

Leopold. Was soll das bedeuten?

Scherm. Eure Mutter hat das Geld.

Hannch. (

Leopold. (Gestohlen?

Scherm. Hier, dem edelsten Mann!

Leopold. (zur Geliebten) Welch ein Unglück,
Marie! Beide so nahe am Ziel unsrer Wünsche,
und nun so weit davon entfernet.

Freysm. (zu Julien) Stehen Sie auf, recht=
schaffene Mutter! (hebt sie auf) Sie haben nichts
verbrochen. Ihre That war weiblicher Edelmuth;
Ihr Verbrechen die Folge der mütterlichen Tugen=
den! Ich bin stolz, Sie umarmen zu können.
(umarmt sie) Behalten Sie diese Börse noch zum
ewigen Andenken Ihrer edelmüthigen Handlung,
und sind Sie nebstbei überzeugt, daß ich nicht säu=
men werde, Ihnen den mir aus London aufgetra=
genen Wechsel pr. fünf tausend Pfund Sterling
auszuzahlen.

Julie. ((alle zu Freysmuths Füssen fallend)

Scherm. (Großmüthiger, edler Herr! Gebet

Leopold. (Sie uns Herzen, die fähig sind,

Hannch. (Ihnen danken zu können.

Freysm. (innig gerührt, wischt sich Thränen
vom Auge) Steht auf, ihr geliebten Freunde! Kei=
nen Dank! Mein Bewußtseyn sagt mir, welch
einen herrlichen Tag hast du auf Gottes schöner
Erde erlebt! Dieß ist so viel Seeligkeit für mein
Herz, daß es so ganz überströmt in seiner entzü=
ckenden Uiberfülle! Meine Seele schwimmt in ei=
nem Meer der innigsten Freude.

Julie. Menschlichster Mann! Ihre Thaten
übersteigen alle Gränzen der Großmuth.

Friz. (mit einem Stück Brod in der Hand, wo=

ran

ran er heißhungrig ißt.) Bedank mich auch recht schön,
daß ich von Ihnen das Brod empfangen hab; 's
schmeckt so gut, weiß Gott im Himmel, so gut,
so gut!

Marie. (zum Leopold) Komm, bester Leopold!
Laß uns zu den Füssen unsers guten Vaters fallen; verdoppeln wir unsere Bitte; vielleicht — o,
er erhört uns gewiß!

Leopold. Was Maria will, das will auch
ich.

((Freysmuth zu Füssen) Vater, gütig-
Marie.(ster Vater! darf ihr Tochter um etwas
Leop. (bitten, werden Sie ihr diese Bitte
(nicht versagen?

Freysm. Was soll das seyn? was wollt ihr
von mir?

Leopold. Ich liebe Ihre Tochter, und —
Freysm. Und sie ihn nicht?
Marie. O ja, herzinniglich —
Freysm. Und was wollt ihr den sonst?
Marie. Ihre Einwilligung, Vater!
Freysm. Steht auf Kinder, und werdet glük-
lich zusammen.

Marie.   (O! das wollen wir gütigster Vater!
Leopold. (

Scherm. So viele Großmuth ist auf einmal
zu viel!

Julie. Womit haben wir die ganze Fülle
Ihrer Güte verdient? wie können wir dafür wür-
dig danken?

Freysm. (zu Anton und Hannchen) Nun, was
seht ihr da mich so traulich, so bittlich an?

Anton. Bester Vater! Wenn ich wüßte, daß
Sie mir nicht mehr zürnten, so würd' ich auch eine Bitte wagen. —

                                        Freysm.

Freysm. Laß hören, übermüthiger Junge: vielleicht —

Anton. O Vater! o Vater! Ich bin so voller Flammen für dieses blühende Engelskind hier, daß nur der Besitz desselben ein ganzer Himmel voller Entzückungen wäre.

Freysm. Und was sagt diese Schöne dazu?

Hannch. Wenn's Monsieur Anton so im Ernst meint, so bin ich auch nicht von Eis, das ist, wenn er sich bessern will.

Freysm. Und was sagen ihre Eltern?

Scherm. Daß es zuviel Glück, zu viele Großmuth für uns wäre.

Freysm. (zu Anton) Wie wohl du dich meiner väterlichen Güte so wenig verdient gemacht hast, so — So gebt euch die Hände, und lebet ein glückliches Leben!

Anton. (
Hannch. (Innigen Dank, Allerbester!

Anton. (zu Schermann) Vater! Mutter! — Geliebte! Habt ihr ein Herz das mir meine Jugendfehler, wo nicht vergessen, doch vergeben kann?

Scherm. Sohn! dieser unser Versöhnungskuß soll dich dessen ganz überzeigen! (Julie und Hannchen küssen ihn auch.)

Leopold. Liebe! deine Triebe
    Fühlt Marie nur.
  Wo sie fühlt ist Liebe,
    Wo sie liebt Natur.

Marie. Wie Natur im Majen
    Frühlings Blumen hold,
  Bin ich meinen treuen
    Lieben Leopold!

Hannch.

Hannch. Nimmer Hofnungslose
  Seh' ich Veilchen blühn,
  Seit ich deine Rose,
  Holder Anton küßt.

Anton. Hannchen deine Liebe
  Hat mein Herz entwandt,
  Heilig ihre Triebe!
  Heilig unser Band!

    (Gott! auf trübe Tage
Scherm. beide (Folget Heil und Glück!
Julie.   (Drum o Mensch verzagt
    (Keinen Augenblick!

Glück und reichen Frieden,
  Ruhe Seeligkeit,
Wünsch ich euch hienieden
  Allen, wie ihr seyd.

   Leopold und Marie (beide)

Unsrer Liebe Segen
Sey ein Blüthenregen
  Voller Seeligkeit;
Unser Stand der Ehe,
  Ohne Leid und Wehe,
Sey ein Frühling durch die ganze Zeit!

   Hannchen. und Anton. (beide)

Auch wir leben beide,
Ohne Herzenleide,
  Froh bis in den Tod;
Unser Leben flüsse,

       Sanft

Sanft wie Täubchen Küße;
Unser Scheiden sei ein Abendroth!

Alle.

Nun wir wollen leben,
Glück! dir ganz ergeben,
Unsre kurze Frist,
Bis der Sonnenfunken
Unsers Seyns versunken,
Und die Lebensflamm verloschen ist!

Ende des Schauspiels.

www.ingramcontent.com/pod-product-compliance
Lightning Source LLC
Chambersburg PA
CBHW021553270326
41931CB00009B/1202